Epidemia ohjeet

FSC
www.fsc.org
MIX
Paperi vastuul -
lisista lähteistä
Paper from
responsible sources
FSC® C105338

Epidemia ohjeet

Saako kuolemaa ja ruttoa paeta?

MARTTI LUTHER

Epidemiaohjeet
Martti Luther

Alkuperäisteos:
Martin Luther, Ob man vor dem Sterben fliehen möge.
Wittenber g 1577 / 1527

Suomennos:
Sirkka Perälä

Kielellinen tarkistus:
Books on Demand Suomi

© 2020 Sirkka Perälä

Kustantaja: BoD – Books on Demand, Helsinki, Suomi
Valmistaja: BoD – Books on Demand, Norderstedt, Saksa
ISBN: 978-952-802-263-3

Lainaukset Raamatusta valtaosin Raamattu Kansalle ry:n käännöksen mukaisia.

ALKUTERVEHDYS

Arvoisa tohtori, kirkkoherra Johannes Hess ja muut Kristuksen evankeliumin palvelijat Breslaussa. Armoa ja rauhaa Isältämme ja Herralta Jeesukselta Kristukselta.

Aikaa on jo kulunut siitä, kun saimme lähettämänne kysymyksen. Kysyitte, sopiiko kristityn lähteä pakoon silloin, kun kuolemaa alkaa esiintyä runsaasti. Meidän olisi pitänyt vastata paljon aiemmin, mutta kaikkivaltias Jumala piti minua jonkin aikaa niin ankarassa kurituksessa, etten paljoa ole pystynyt lukemaan enkä kirjoittamaan.

Näinkin olen ajatellut: Jumala, laupeuden Isä, on lahjoittanut teille yllin kyllin monipuolista ymmärrystä ja totuudellisuutta Kristuksessa. Siksi osaatte itse Hänen Henkensä ja armonsa avulla, ilman meidän osuuttammekin, ratkoa tällaisia ja laajempiakin kysymyksiä.

Pyydettyänne vastaustamme nöyrästi, emme toki tahdo kieltäytyä vastaamasta. Paavalin tavoin pyrimme siihen, että meillä kaikilla olisi yksimielisyys ja sama oppi. (1. Kor. 1:10; 2. Kor. 13:11; Fil. 2:2.)

Jumala on antanut meille ymmärrystä sen verran, että olemme laatineet tällaisen vastauksen. Tahdomme alistaa nämä ajatuksemme mitä nöyrimmin teidän ja kaikkien hurskaiden kristittyjen arvioitavaksi.

Kuolemantapaukset ovat aiheuttaneet täällä meillä ja muuallakin suurta levottomuutta. Siksi olemme päättäneet julkaista tämän painettuna, jotta halukkaat saisivat opetuksemme käyttöönsä.

LÄHTEÄKÖ VAI JÄÄDÄ?

Yhdet ovat painokkaasti sitä mieltä, ettei kuoleman levitessä tulisi eikä saisi lähteä pakoon, vaan pitäisi jäädä paikoilleen. He sanovat, että kuolema on Jumalan rangaistus synneistämme, jota tulisi odottaa tyynesti oikeassa ja vahvassa uskossa. Heidän mielestään pako olisi väärin ja epäluottamus Jumalaa kohtaan.

Toiset taas ovat sitä mieltä, että paeta saa, ja varsinkin niille, joita eivät tehtävät sido jäämään, pakeneminen on sallittua.

Ensiksi mainittuja ei ainakaan heidän hyvän tarkoituksensa vuoksi sovi moittia. Heidän vahva uskonsa on ihailtavaa. He tahtoisivat, että kaikilla kristityillä olisi vahva, vankkumaton usko, ja sehän on kiitettävä tavoite.

Usko, joka vasta juo maitoa, ei odota kuolemaa, jota miltei kaikki pyhät ovat pelänneet ja vieläkin pelkäävät. Mutta kukapa ei kehuisi niitä, jotka vakaumuksensa mukaan vähät välittävät kuolemasta ottaen Jumalan rangaistuksen mielihyvin vastaan – kunhan se ei tapahdu Jumalaa kiusaten, josta jäljempänä lisää.

Heikkoja kristittyjä on kuitenkin enemmän kuin vahvoja. Siksi kaikille ei voi laittaa samanpainoista kuormaa. Vahvauskoinen voi juoda myrkkyä vahingoittumatta, mutta sama juoma tappaisi heikkouskoisen. (Mark. 16:19) Pietari pystyi kävelemään veden pinnalla uskoessaan lujasti, mutta epäillessään ja uskonsa heiketessä hän vajosi ja miltei hukkui. Heikkouskoisen kanssa vaeltavan vahvauskoisen tulee sovittaa kulkunsa heikomman mukaan eikä kiiruhtaa vauhdilla, joka näännyttäisi heikomman hengiltä. Paavali opettaa, ettei Kristus tahdo hylätä heikkojaan. (Room. 15:1; 1. Kor. 12:22)

Selvitellään asiaa nyt lyhyesti ja ytimekkäästi. Kuoleman välttely ja pako voi tapahtua kahdella tavalla, joko Jumalan sanan ja käskyjen mukaisesti tai vastaisesti. Esimerkiksi Jumalan tahdon vastaista on se, että Jumalan sanan tähden vangittu kieltäisi Jumalan sanan välttääkseen kuoleman. Sellaiseen tilanteeseen pätee Kristuksen julkinen määräys olla pakenematta ja mieluummin kuolla. Kristus sanoo: Joka kieltää minut ihmisten edessä, sen minäkin kiellän Isäni edessä, joka on taivaissa. (Matt. 10:33) Älkää pelätkö niitä, jotka tappavat ruumiin mutta eivät voi tappaa sielua... (Matt. 10:28)

SAAKO SAARNAMIES LÄHTEÄ PAKOON?

Hengellisen viran haltijoilla on kuolemankin vaarassa velvollisuus jäädä hoitamaan tehtäviään. Se on Kristuksen käsky. Hyvä paimen antaa henkensä lampaiden edestä, mutta kun palkkalainen näkee suden tulevan, hän jättää lampaat ja pakenee. (Joh. 10:12) Kuolemassahan hengellisen työn tekijöitä eniten tarvitaankin lohduttamaan ja vahvistamaan omaatuntoa Jumalan sanalla ja sakramentilla, jotta kuolema tapahtuisi uskossa voitokkaasti.

Toki silloin, kun saarnamiehiä on monia, he voivat yksissä tuumin valita, keitä he kannustavat lähtemään pakosalle, jotta kaikki eivät altistuisi vaaralle syyttä suotta. Mielestäni ei ole synti toimia näin, jos vain tehtävät saadaan hoidettua, ja ne, joiden on jäätävä, jäävät vapaaehtoisesti.

Athanasioksenkin kerrotaan paenneen kirkostaan pelastaakseen henkensä. Tällöin oli tarjolla monia jatkamaan hänen tehtävissään. Vastaava tilanne oli Paavalilla, kun veljet Damaskoksessa hilasivat hänet korissa muurin yli pakoon. (Apt. 9:25) Myös on Apostolien Teoissa kerrottu Paavalin antaneen opetuslasten estää häntä menemästä kansanjoukkoon, jottei hän olisi joutunut turhanpäiten vaaraan. (Apt. 19:30)

SAAKO ESIVALTA PAETA?

Velvollisuus jäädä on myös maallisten virkojen hoitajilla, kuten pormestareilla, tuomareilla ja vastaavilla. Maallinen esivaltahan on Jumalan sanan nojalla asetettu ja määrätty hallitsemaan ja suojaamaan kaupunkeja ja maata. Paavali kirjoittaa roomalaisille, että esivalta on Jumalan palvelijatar ylläpitääkseen rauhaa ym. (Room. 13:1-7) On todella suuri synti jättää haltuunsa uskottu yhteisö vaille johtoa ja hallintoa kaikelle vaaralle, kuten tulipaloille, henkirikoksille, levottomuuksille ja kaikenlaisille tuhoille alttiiksi. Näitä Perkele kyllä tuottaa, mikäli järjestyksestä ei huolehdita. Sanoohan Paavalikin Timoteukselle, että jollei joku huolehdi omistaan, hän on uskonsa kieltänyt ja pakanaakin pahempi. (1 Tim. 5:8)

Jos hallinnosta huolehtivat pakenevat oman, syvän heikkoutensa vuoksi, heidän tulee hankkia riittävästi viransijaisia, jotta yhteiskuntaa valvotaan ja siitä huolehditaan riittävästi, kuten mainitsimme. Tämä asia tulee hoitaa kunnolla.

SAAVATKO MUUT PAETA?

Kaikkea tätä, mitä on sanottu hengellisestä ja hallinnollisesta viranhoidosta, voidaan soveltaa myös niihin ihmisiin, joita palvelutehtävä tai velvollisuus sitoo muihin.

Esimerkiksi renki ei saa karata isännältään eikä palvelijatar emännältään salaa ilman lupaa. Vastaavasti isäntä ei saa hylätä renkiään eikä emäntä palvelijatartaan, vaan heidän tulee huolehtia heistä riittävästi joko kotona tai muualta käsin.

Jumala on käskenyt mies- ja naispuolisten palvelijoiden olla kuuliaisia ja pysyä tehtävissään. Vastaavasti on isäntien ja emäntien huolehdittava palveluskunnastaan. Jumalan käskyllä ovat isä ja äiti sidotut lapsiinsa, ja lapset isäänsä ja äitiinsä, palvelemaan ja auttamaan yms.

Sama velvollisuus koskee julkisiin tehtäviin palkattuja, joita ovat mm. kaupunginlääkärit, sotilaat ja monet muut. He eivät saa lähteä pakoon, elleivät hanki osaavia sijaisia tilalleen tarpeeksi, sellaisia, jotka päättäjät hyväksyvät.

Jos vanhempia ei ole, on holhoojien ja lähimpien ystävien velvollisuus pysytellä ystäviensä luona tai ainakin hankkia muita tilalleen sairaista ystävistään huolehtimaan. Niin, naapureiden ei sovi paeta ja jättää sairaita heitteille, jos he eivät saa ketään tilalleen. Näissä tilanteissa pitäisi ennen kaikkea pelätä Kristuksen sanaa: Minä olin sairaana, mutta te ette käyneet minua katsomassa, jne. (Matt. 25:43)

Nämä sanat sitovat meidät toisiimme. Emme saa jättää ketään pulaan, vaan meillä on velvollisuus jäädä auttamaan siten kuin toivoisimme itseämmekin autettavan.

Mutta jos kovaa hätätilaa ei ole, ja jos auttavia

käsiä on jo kylliksi – olivatpa auttajat paikalla velvollisuudesta, omasta halustaan tai olivatpa he heikkouskoisia sijaistamassa – niin jos lisää apua ei tarvita ja ennen kaikkea, jos sairaatkaan eivät halua lisäväkeä, vaan torjuvat heidät, kantani on, että silloin voi kukin vapaasti joko lähteä pakoon tai olla lähtemättä.

USKOVAN NÄKÖKULMA

Se, jolla on mittavat uskon voimat, jääköön hän Jumalan nimessä, se ei varmastikaan ole synti. Mutta se, joka on heikko ja pelokas, paetkoon hän Jumalan nimessä, kunhan ei laiminlyö velvoitteitaan läheisiään kohtaan, eli hänen läheisensä saavat avun muilta.

Paeta kuolemaa elämänsä pelastaakseen on luonnollinen tarve, jonka Jumala on meihin istuttanut. Pakeneminen ei ole kiellettyä, kunhan ei toimita Jumalan ja lähimmäisen vastaisesti. Paavali on sanonut, ettei kukaan vihaa omaa lihaansa, vaan ravitsee ja vaalii sitä. (Ef. 5:29) Meitä on suorastaan käsketty pitämään huolta itsestämme ja hengestämme niin hyvin kuin suinkin. Jumala on suunnitellut kehomme niin, että sen kaikki osat huolehtivat toisistaan. (1. Kor. 12:21-6)

Meitä ei ole kielletty, vaan ennemminkin käsketty hankkimaan otsa hiessä päivittäistä ravintoa, vaatetusta ja kaikkea tarvittavaa sekä välttämään vahinkoa ja ahdinkoa kaikin tavoin, kunhan se ei tapahdu lähimmäisenrakkautta ja lähimmäistä vahingoittaen, velvollisuudet laiminlyöden.

Paljon luontevammin me pyrimme pitämään henkemme tallella ja pakenemaan kuolemaa silloin, kun voimme näin tehdä lähimmäistämme vahingoittamatta, sillä ovathan kehomme ja henkemme enemmän kuin ruoka ja vaatteet, kuten Kristus itse sanoo. (Matt. 6:25)

Mutta jos joku on niin väkevä uskossaan, että pystyy ehdoin tahdoin kärsimään alastomuutta, nälkää ja hätää (edellyttäen ettei kiusaa Jumalaa) välittämättä tarjolla olevasta poispääsystä, hän kulkekoon omaa tietään. Hänen ei kuitenkaan ole lupa tuomita niitä, jotka eivät toimi samoin tai eivät edes pysty samaan.

Pakeneminen henkensä edestä ei sinänsä ole väärin, siitä on riittämiin esimerkkejä Raamatussa.

Aabraham oli todella pyhä mies, kuitenkin hän peloissaan lähti kuolemaa pakoon ja turvautui paetessaan nimittämään vaimoaan

Saaraa siskokseen. (1. Moos. 12:12) Tällä hän ei vahingoittanut lähimmäistään, joten sitä ei luettu hänelle synniksi. Samalla tavalla menetteli hänen poikansa Iisak. (1. Moos. 26:7)

Jaakob pakeni veljeään Eesauta, jotta tämä ei tappaisi häntä. (1. Moos. 27:43) Daavid pakeni Saulia (1. Sam. 19:10) ja Absalomia. (2. Sam. 15:14) Profeetta Uria pakeni kuningas Jojakimia Egyptiin. (Jer. 26:21) Elia, urhoollinen profeetta, joka vahvauskoisena oli surmannut Baalin profeetat, oli peloissaan ja pakeni autiomaahan kuningatar Isebelin uhkailujen vuoksi. (1. Kun. 19:3) Aiemmin pakosalle oli lähtenyt Mooses, joka Egyptin kuninkaan etsiessä häntä pakeni Midianin maahan. (2. Moos. 2:15) Ynnä monet muut. He kaikki tarttuivat tilaisuuteensa lähteä kuolemaa pakoon ja selvisivät hengissä. He eivät paollaan aiheuttaneet läheisilleen tappiota, sillä he olivat hoidelleet velvollisuutensa heitä kohtaan jo aiemmin. Ehkä sanot, ettei näissä esimerkkitapauksissa puhuta kuolemasta yleensä eikä rutosta, vaan kuolemisesta vainon kohteena.

Vastaus: kuolema on kuolema, tuli se mitä kautta tahansa. Raamatussa Jumala mainitsee neljä vitsaustaan: ruton, nälän, miekan ja villieläimet (Hes. 14:21). Jos joitain näistä saa paeta Jumalan avulla hyvällä omallatunnolla, miksei sitten voisi paeta kaikkia neljää?

Aiemmat esimerkit osoittavat, miten rakkaat pyhät isät ovat paenneet miekkaa. Myös näkyy riittävän selkeästi, että Aabraham, Iisak ja Jaakob poikineen lähtivät toista vitsausta pakoon, nimittäin nälkää ja hintojen nousua. Kalliita hintoja paettiin Egyptiin, kuten voimme lukea ensimmäisestä Mooseksen kirjasta. Miksi siis emme voisi lähteä myös villieläimiä karkuun?

USKON UHKAROHKEUS

Tällaista puhetta saan kuulla: Jos sota tai turkkilaiset tulisivat, kukaan ei saisi lähteä kylästään tai kaupungistaan pakoon, vaan kaikkien olisi pysyttävä odottamassa Jumalan miekkarangaistusta. Totta toki, mikäli joku näin vahvauskoinen on, jääköön hän paikoilleen odottamaan, mutta älköön tuomitko pakenijoita.

Näin ollen ei palavasta talostakaan saisi juosta ulos, eikä myöskään rientää sisään ketään pelastamaan, sillä onhan tulikin Jumalan rangaistus. Samoin ei syvään veteen suistunutkaan saisi uida rantaan, vaan hänen täytyisi hukkua veteen Jumalan rankaisemana.

No niin, toimi näin jos voit, mutta varo kiusaamasta Jumalaa ja anna muiden tehdä voitavansa.

Vastaavasti, jos jalkaan tulisi murtuma, haava tai purema, sitä ei saisi parantaa vaan täytyisi ykskantaan todeta: tämä on Jumalan rangaistus joka pitää kärsiä, kunnes se parantuu itsestään.

Talvipakkanenkin on Jumalan rangaistus, johon voi kuolla myös. Miksi kiirehdit tulen äären tai sisälle? Pysy lujana ja jää pakkaseen, kunnes ilmat taas lämpenevät. Tältä kannalta emme saisi hyödyntää apteekkeja, lääkkeitä emmekä lääkäreitä, sillä ovathan kaikki sairaudet Jumalan rangaistuksia. Nälkä ja jano ovat kovia rangaistuksia nekin, miksi siis syöt ja juot, etkä ota rangaistuksia vastaan odottaen, että ne loppuvat itsestään?

Tällaisten lausahdusten lopputulemana lakkaamme rukoilemasta Isä meidän -rukousta emmekä enää pyydä, että päästä meidät pahasta, aamen; syystä, että kaikki paha on Jumalan rangaistusta. Emme myöskään saisi enää rukoilla ettemme joutuisi helvettiin, sillä helvettikin on Jumalan rangaistus. Mitä siitäkin tulisi?

JOHTOPÄÄTÖKSIÄ

Mitä opimme tästä? Meidän tulee rukoilla, että Jumala päästää meidät kaikesta pahasta. Samalla meidän on suojauduttava niin hyvin kuin osaamme. Kuitenkin niin, ettemme toimi Jumalan vastaisesti, kuten jo mainitsimme. Mutta jos Jumala tahtoo, että menehdymme, niin käy, vaikka kuinka suojautuisimme.

Se, jolla on velvollisuus jäädä paikoilleen hengenvaaran uhatessa, lähimmäisiään palvelemaan, antakoon itsensä Jumalan haltuun ja sanokoon näin: Herra, olen Sinun kädessäsi, Sinä olet velvoittanut minut jäämään tänne, Sinun tahtosi tapahtukoon. Minä olen köyhä luotusi, jonka voit joko tappaa tai pitää hengissä, niin tulessa, vedessä, janossa kuin muissakin vaaratilanteissa, ja hyvä niin.

Se taas, jolla on vapaus lähteä pakosalle, antakoon itsensä Jumalan haltuun ja sanokoon näin: Herra Jumala, olen heikko ja pelokas. Siksi lähden pahaa karkuun ja teen kaikkeni suojautuakseni. Joka tapauksessa olen Sinun kädessäsi, niin tämän kuin muunkin pahan kohdatessa minua, Sinun tahtosi tapahtukoon. Pako ei välttämättä pelasta minua, sillä kaikkialla on pahaa ja vaarat vaanivat, sillä Perkele ei lepää eikä nuku, se on alusta asti ollut murhaaja, ja edelleen sen tavoitteena on pelkästään murhata ja tuottaa onnettomuutta.

RAKKAUS LÄHIMMÄISIIN

Tällä tavoin meidän on meneteltävä vaaraan ja hätään joutuneiden läheistemme kanssa. Jos läheiseni talo palaa, rakkaus motivoi minua kiiruhtamaan paikalle auttamaan sammutuksessa. Mutta jos sammutusväkeä on palopaikalla jo tarpeeksi, voin joko palata kotiin tai jäädä paikalle.

Jos lähimmäiseni suistuu veteen tai kaivantoon, en saa juosta karkuun, vaan minun on riennettävä avuksi. Mutta jos apuväkeä on paikalla jo, olen vapaa.

Mikäli näen jonkun kärsivän nälkää tai janoa, en saa hylätä häntä, vaan minun tulee antaa hänelle syötävää ja juotavaa silläkin uhalla, että köyhdyn itse. Sillä jos autamme lähimmäistämme vain silloin, kun siitä ei ole itsellemme tai varallisuudellemme haittaa, sitä tilannetta ei koskaan tule, sillä omasta mielestämme auttaminen vie meidät joka kerta vararikkoon, vaaraan tai vahinkoon.

Naapureina meidän tulee ehdottomasti varautua siihen, että vaara vaanii toisiamme, omaisuuttamme, vaimoamme ja lapsiamme. Tulipalo tai muu onnettomuus voi kohdata naapuritaloa. Talo, tavarat ja perhe voi tuhoutua tai vahingoittua. Se, joka siinä tilanteessa jättää läheisensä pulaan ja pakenee, on Jumalan edessä murhaaja, kuten Pyhä Johannes kirjeessään sanoo: Jokainen, joka vihaa veljeään, on murhaaja. Johannes jatkaa: Jos joku, jolla on maallista omaisuutta, näkee veljensä olevan puutteessa mutta sulkee häneltä sydämensä, kuinka Jumalan rakkaus pysyisi hänessä? (1. Joh. 3:15, 17)

JUMALA TUOMITSEE

Tämä oli yksi niistä synneistä, joista Jumala syytti Sodoman kaupunkia puhuessaan profeetta Hesekielin kautta: Tämä oli sisaresi Sodoman synti: ylpeys ja se, ettei hän tarttunut kurjan ja köyhän käteen, vaikka hänellä ja hänen tyttärillään oli yltäkyllin leipää ja rauhaisat olot. (Hes. 16:49)

Tähän syntiin syyllistyneet Kristus myös tuomitsee murhaajina viimeisenä päivänä sanoen: Minä olin sairaana, mutta te ette käyneet minua katsomassa. (Matt. 25:43)

Kerta ne tuomitaan, jotka eivät mene köyhien ja sairaiden luo tarjoamaan apuaan, niin kuinka mahtaa niille käydä, jotka lähtevät karkuteille jättäen heidät kuin koirat tai siat? Niin, mitenkähän mahtaa käydä niillekin, jotka ottavat köyhiltä sen mitä heillä on pahentaen heidän kurjuuttaan? Näin tekevät tyrannit nyt köyhille, jotka vastaanottavat evankeliumin. He ovat tuomionsa ansainneet.

KÄYTÄNNÖN OHJEET

On tosi hyvä, jos kaupungeissa ja maissa on sellaisia hallituksia, jotka ylläpitävät julkisia rakennuksia ja sairaaloita järjestäen niihin luotettavia hoitajia. Hallinto toimii hyväksemme perustamalla monia sairaaloita. Niihin voitaisiin viedä sairaat kodeistaan keskitetysti, jotta jokaisen ei tarvitsisi pitää kotiaan sairaalana. Tämä olisi hienoa, kiitettävää ja kristillistä. Varsinkin esivallan, mutta myös kaikkien muidenkin, pitäisi tukea tällaista toimintaa avokätisesti. Mutta koska useimmissa paikoissa tällaista ei ole, meidän on oltava toistemme hoitajina ja auttajina hädässä, jotta emme menettäisi autuutta ja Jumalan armoa.

Jumalan sana käskee: Rakasta lähimmäistäsi niin kuin itseäsi. Kaikki, minkä tahdotte ihmisten tekevän teille, tehkää myös te samoin heille. (Matt. 22:39; Matt. 3:12)

Kun kuolemaa alkaa tulla, on meidän, jotka emme lähde kotikonnuiltamme pois, varsinkin toisiimme sidottujen (kuten yllä mainittiin), rohkaistuttava, lohduttauduttava ja asennoiduttava siten, että uskomme tämän olevan Jumalan rangaistus, jota ei ole lähetetty vain synnin rangaistukseksi, vaan myös uskon ja rakkauden testiksi. Emme saa hylätä toisiamme lähtemällä pakoon.

Uskoamme koetellaan, jotta näkisimme, miten on toimittava Jumalaa kohtaan; rakkauttamme koetellaan, jotta näkisimme, miten on toimittava lähimmäistä kohtaan.

Rutto ja muut kulkutaudit ja vaivat leviävät ihmisten keskuudessa pahojen henkien välityksellä siten, että ne myrkyttävät ilmaa ja puhaltavat pahoja henkäyksiä saaden kuolettavan myrkyn tarttumaan fyysisesti.

Samanaikaisesti kyse on Jumalan määräämästä kohtalosta ja rangaistuksesta, johon meidän on kärsivällisesti mukauduttava altistaen itsemme vaaraan, lähimmäistämme palvellaksemme. Johannes opettaa: Kristus antoi henkensä meidän puolestamme. Meidänkin tulee antaa henkemme veljiemme puolesta. (1. Joh. 3:16)

PERKELE PELOTTELEE,
KRISTUS ROHKAISEE

Jos tuntee pelkoa sairaita kohtaan, pitää ryhdistäytyä ja lohduttautua vakuuttuneena siitä, että sisäiset pelkomme ja kauhumme ovat Perkeleen tuotoksia.

Perkele on niin pahanilkinen, ettei sille riitä tauottomat tappo- ja murhayritykset, vaan se tahtoo lisäksi nauttia siitä, että se saisi meidät aroiksi ja pelokkaiksi kuoleman edessä. Se näyttää kuoleman mitä katkerimpana riistääkseen ainakin rauhan ja levollisuuden elämästämme, tavoitellen kuolemaamme. Perkele yrittää kaikkensa, jotta epäilisimme Jumalaa ja kohtaisimme kuoleman vastentahtoisesti ja valmistautumatta synkkään ilmaan verrattavan pelon ja murheen vallassa. Se tahtoo, että unohtaisimme ja menettäisimme Kristuksen, joka on valomme ja elämämme, ja että jättäisimme lähimmäisemme pulaan ja täten tekisimme syntiä Jumalaa ja ihmisiä vastaan. Se olisi Perkeleelle ilo ja riemu.

Tiedostaessamme, että pelkomme ja kauhumme ovat perkeleen juonia, meidän tulee yhä vähemmän huolia siltä mitään. Perkeleen kiusaksi ja harmiksi meidän tulee rohkaistua ja paiskata sille sen tarjoamat pelot takaisin ja varustautua torjumaan se näin sanoen:

Painu pois, Perkele, minua pelottelemasta. Sinun kiusaksesi ja harmiksesi riennän yhä useammin sairaan lähimmäiseni luo häntä auttamaan. Sinusta en piittaa. Kaksi asiaa nostan sinua vastaan.

Ensimmäinen asia.

Tiedän, että tekemiseni miellyttää kovasti Jumalaa ja kaikkia enkeleitä. Tällä tavoin noudatan Jumalan tahtoa. Työni on oikeaa jumalanpalvelusta ja kuuliaisuuden osoittamista. Ja koska tämä tuntuu sinusta kamalalta ja koska vastustat tätä ankarasti, tämän täytyy aivan erityisesti miellyttää Jumalaa.

Miten innolla ja ilolla suorittaisinkaan tehtäväni, jos vaikkapa vai yksi enkeli katselisi minua hyvillään ja iloiten. Mutta nyt tekemiseni miellyttää Herraani Jeesusta Kristusta ja koko taivaan joukkoa, ja toiminhan Jumalan, Isäni käskyn ja tahdon mukaan. Vaikuttaisiko pelottelusi minuun saaden minut jättämään tehtäväni ja siten estämään Herraani ja koko taivasta iloitsemasta? Niin, että antaisin sinulle ja muille perkeleille helvetissä aihetta nauraa ja pilkata itseäni?

Ei, se ei käy päinsä, vaikka kuinka haluaisit. Kristus on vuodattanut verensä minun vuokseni ja kuollut minun puolestani. Miksi minä en hänen vuokseen antautuisi pieneen vaaraan ja uskaltaisi altistua mitättömälle rutolle?

Perkele, vaikka pystyt minua pelottelemaan, niin Kristus pystyy minut voimaannuttamaan. Vaikka pystyt tappamaan, niin Kristus pystyy antamaan elämän. Vaikka suussasi on myrkkyä, on Kristuksella paljon enemmän lääkettä.

Eikö rakkaan Kristukseni, hänen käskyjensä, hyvien tekojensa ja kaiken hänen lohtunsa ja turvansa tulisi merkitä sielulleni enempää kuin mitä sinä kurja Perkele valheellisine pelotteinesi merkitset heikolle lihalleni? Jumala tahtoo, että Kristus on sinua tärkeämpi aina. Väisty, Perkele, edestäni! Tässä on Kristus ja minä olen Hänen palvelijansa tehtäviäni suorittaessani, näin on ja pysyy! Aamen.

Toinen asia.

Jumala on Psalmissa 41 antanut lujan lupauksen niiden lohduksi, jotka auttavat avuntarpeessa olevia: Autuas se, joka pitää huolta vähäosaisesta. Hänet Herra pelastaa pahana päivänä. Herra varjelee häntä ja pitää hänet elossa. Maassa häntä kutsutaan onnelliseksi, etkä sinä, Herra, anna häntä alttiiksi hänen vihollistensa mielivallalle. Herra tukee häntä tautivuoteella. Kun hän sairastaa, sinä nostat hänet vuoteeltaan. (Ps. 41:2-4)

Eivätkö nämä olekin ihania ja mahtavia Jumalan lupauksia, joita on annettu runsain mitoin niille, jotka auttavat hädässä olevia? Mikä enää voisi auttajaa pelottaa tai saada hänet hylkäämään näin suuri Jumalan antama turva?

LUOTTAMUS JUMALAAN

Hädänalaiselle antamamme palvelu on kuitenkin pientä verrattuna siihen, mitä Jumala lupaa meille antaa. Paavali sanoo Timoteukselle: jumalanpelosta on hyötyä kaikkeen, koska siihen liittyy lupaus sekä nykyisestä että tulevasta elämästä. (1. Tim. 4:8)

Jumalanpelko tarkoittaa nimenomaan jumalanpalvelusta, ja todellista jumalanpalvelusta on lähimmäisensä palveleminen.

Kokemus on osoittanut, että ne, jotka palvelevat sairaita rakkaudesta, hartaasti ja kokosydämisesti, yleensä varjeltuvat. Vaikka he tartunnan saisivatkin, se menee yleensä ohi jälkiä jättämättä, siten kuin psalmissa 41 sanotaan: Herra tukee häntä tautivuoteella. Tarkoittaen, että Herra muuttaa sairasvuoteen terveen vuoteeksi jne.

Mutta se joka huolehtii sairaasta ahneutensa siivittämänä, perintöä tavoitellen, oma etu mielessään, saa lopulta tartunnan, eikä ihme. Hän ehtii kuolla ennen kuin saa varoja tai perintöä haltuunsa.

Se taas, joka antaa apuaan Jumalan lohdulliseen lupaukseen turvautuen, vaikka hän kohtuullisen korvauksen ottaisikin (ovathan työläiset palkkansa ansainneet), hänellä on luja turva ja lohtu: hän tulee saamaan varjeluksen. (Luuk. 10:7; 1. Tim. 5:18) Jumala itse tahtoo olla hänen varjelijansa ja lääkärinsä.

Oi, millainen Varjelija! Oi, millainen Lääkäri! Mitä ovat kaikki lääkärit, apteekit ja vartijat Jumalaan verrattuina?

Eikö tämän tulisi valaa urheutta mennä sairaiden luokse heitä palvelemaan, vaikka heissä olisi ruttoa ja paiseita kehossa yhtä monta kuin hiuksia ja ihokarvoja, ja vaikka saisi satakertaisen ruttotartunnan? Mitä kulkutaudit tai perkeleet ovat verrattuina Jumalaan, joka sitoutuu toimimaan Varjelijanamme ja Lääkärinämme?

Hyi sinua, ja vielä kerran hyi sinua, sinä kurja epäusko, joka vähättelet vankkaa turvaa ja annat pikku paiseen ja epämääräisen vaaran pelottaa itseäsi suuremmasti kuin mitä sallit itsesi voimaantua jumalallisista, varmoista ja totuudellisista lupauksista.

Mitä auttaisi, vaikka kaikki lääkärit ja koko maailma olisivat tykönäsi auttamassa, mutta Jumala olisi poissa? Ja toisin, mitä se haittaisi, vaikka koko maailma kaikkine lääkäreineen pakenisi luotasi, jos Jumala lupauksineen jäisi luoksesi? Etkö tajua, että ympärilläsi on tuhansia enkeleitä, jotka valvovat, että pystyt tallaamaan ruton jalkoihisi, niin kuin psalmiin 91 on kirjoitettu: Hän antaa enkeleilleen sinusta käskyn varjella sinua kaikilla teilläsi. He kantavat sinua käsillään, ettet loukkaisi jalkaasi kiveen. Sinä kuljet leijonan ja kyykäärmeen yli, sinä tallaat jalkoihisi nuoren leijonan ja lohikäärmeen. (Ps. 91:11-13)

AUTA LÄHEISTÄSI

Rakkaat ystävät! Älkäämme pelätkö. Älkäämme antako Perkeleen pelottaa meitä lähtemään häpeällisesti karkuun jättäen heitteille ne, joista meidän kuuluu huolehtia. Siitä perkele nauttisi ja pilkkaisi meitä. Jumalakin enkeleineen varmasti närkästyisi ja paheksuisi meitä.

On varmaa, että se, joka näitä runsaita lupauksia ja Jumalan käskyjä halveksien hylkää läheisensä hätää kärsimään, syyllistyy Jumalan kaikkien käskyjen rikkomiseen, ja läheisten heitteillepano tekee hänestä murhaajan.

Minua huolestuttaa lupausten kääntöpuoli, joka tulee tällöin esiin kammottavina uhkakuvina. Psalmin 41 sanoma – Autuas se, joka pitää huolta heikosta – tarkoittaa käänteisesti sitä, että se, joka ei huolehdi heikosta vaan lähtee pakosalle, ei ole autuas. Häntä ei Herra pelasta pahana päivänä, vaan poistuu hänen luotaan ja hylkää hänet. Herra ei varjele eikä pidä häntä elossa. Maan päällä hän ei saa Herralta menestystä, vaan Herra sallii hänen joutua vihollisten käsiin. Herra ei virvoita häntä tautivuoteella eikä aiheuta käännettä sairaudentilaan.

Millä mitalla te mittaatte, sillä teille mitataan, tarkoittaa juuri tätä. (Matt. 7:2)

On pöyristyttävää kuulla tällaista tapahtuneen, ja vielä kamalampaa odottaa näin tapahtuvan, mutta kaikkein kamalinta tämä olisi omalla kohdalla. Kun Jumala vetää kätensä pois ja hylkää, jää jäljelle pelkkä Perkele ja kaikki paha. Näin käy sille, joka hylkää läheisensä Jumalan sanasta ja käskystä välittämättä, näin käy jokaiselle, joka toimii näin. Siksi tällaisesta pitää tehdä rehellinen parannus.

AUTTAISITKO KRISTUSTA?

Olen vakuuttunut siitä, että jokainen rientäisi halukkaasti palvelemaan ja auttamaan kuullessaan Kristuksen tai hänen äitinsä makaavan sairaana. Kaikilla riittäisi rohkeutta kiirehtiä paikalle, kukaan ei haluaisi lähteä lipettiin.

Kuitenkaan ei kuulla, mitä Kristus itse sanoo: Kaiken, minkä olette tehneet yhdelle näistä minun vähimmistä veljistäni, sen te olette tehneet minulle (Matt. 25:40). Ja puhuessaan tärkeimmästä käskystä hän sanoo: Toinen, tämän kaltainen, on: Rakasta lähimmäistäsi niin kuin itseäsi. (Matt. 22:39)

Siinä kuulet, että käsky rakastaa lähimmäistään on tärkeimmän käskyn kaltainen, joka käskee rakastamaan Jumalaa. Ja mitä teet tai jätät tekemättä lähimmäisellesi, sen teet tai jätät tekemättä Jumalaa kohtaan.

Haluat varmaankin palvella itseään Kristusta

ja huolehtia hänestä? Hyvä, nythän sinulla on lähelläsi sairas lähimmäisesi. Mene hänen luokseen ja palvele häntä, niin olet varmasti löytävä Kristuksen hänessä. Ei henkilönä, vaan hänen sanassaan.

Mutta jos et tahdo palvella lähimmäistäsi, ymmärrä, että tekisit aivan samoin, vaikka hänen paikallaan makaisi Kristus itse, hänetkin jättäisit niille sijoilleen apua antamatta. Kuvittelet väärin ja turhaan haluavasi palvella Kristusta, mikäli hän olisi paikalla. Silkkaa valetta. Sillä se, joka antaisi konkreettista apua Kristukselle, auttaa lähimmäistäänkin kunnolla.

VÄÄRÄÄ MENETTELYÄ

Kannustakoon ja lohduttakoon tämä meitä, ettei Perkele saisi meitä kauhun valtaan ja pakenemaan häpeällisesti. Perkele yrittää jatkuvasti langettaa meitä rikkomaan Jumalan antamaa lähimmäisenrakkauden käskyä ja tekemään liian paljon muitakin vasemman puolen syntejä.

Liikaa tehdään myös oikean puolen syntejä. Erehdytään ylpeyden vallassa kiusaamaan Jumalaa jättämällä varotoimet kuolemaa ja ruttoa vastaan tekemättä. Ei välitetä ottaa lääkkeitä eikä vältellä paikkoja eikä ihmisiä, joilla on rutto ollut ja jotka ovat siitä toipumassa, vaan ryypätään ja pelataan näiden kanssa omaa urheutta osoittaen. Päälliseksi vielä sanotaan, että rutto on Jumalan rangaistus. Jos Jumala tahtoo suojella meidät rutolta, hän pystyy siihen ilman lääkkeitä ja ilman omaa osuuttammekin. Tämä ei ole Jumalaan luottamista vaan Jumalan kiusaamista. Jumalahan on luonut lääkeaineet ja antanut ihmiselle järjen, jotta hän huolehtisi itsestään ja pysyisi terveenä ja elossa.

Joka ei ota lääkkeitään, vaikka voisi niitä ottaa läheisiään vahingoittamatta, laiminlyö itse omaa kehoaan. Varokoon hän tarkoin, ettei Jumala luokittele häntä itsemurhaajaksi.

Samaan viisiin voitaisiin myös jättää syöminen ja juominen, pukeutuminen ja asuminen ja rehennellä uskossa sanoen: jos Jumala tahtoo varjella nälältä ja pakkaselta, hän pystyy siihen ilman, että syödään tai pukeudutaan. Siinä olisi jo kyse tahallisesta itsensä murhaamisesta.

Vieläkin kauheampaa on, jos itsestään ja taudin leviämisestä ollaan täysin piittaamattomia, eikä kaikin tavoin torjuta ruttoepidemian leviämistä. Silloin levitetään tartuntaa muihin, jotka sitten sairastuvat ja kuolevat. He olisivat säilyneet hengissä, jos tartunnan levittäjät olisivat pitäneet vaarin itsestään, kuten velvollisuus on. Piittaamattomista tulee syypäitä lähimmäistensä kuolemaan, ja Jumala katsoo heidät heti murhaajiksi.

Aivan kuin tulipalon riehuessa jossain rakennuksessa kaupungin alueella ei kukaan olisi kommonaan, vaan annettaisiin rauhassa palaa välittämättä koko kaupunkia uhkaavasta tuhosta ja todettaisiin kylmästi, että kyllä Jumala kaupunkia varjelee, vaikkemme yritäkään sammuttaa paloa vedellä.

OIKEAA MENETTELYÄ

Ei niin, rakkaat ystävät! Sellainen ei ole fiksua. Menetelkää aivan toisin. Käyttäkää lääkkeitä ja kaikkea, mikä voi olla avuksi. Savustakaa talot, pihapiirit ja kulkutiet. Vältelkää ihmisiä ja paikkoja, joissa sairas tai toipunut läheisenne ei teitä pakosti tarvitse. Tukahduttakaa irti päässyttä tulta ahkerasti ja kaikin voimin. Mitäpä muuta rutto on kuin tulta, joka puun ja heinän sijasta syö meidät hengiltä?

Ajatelkaa näin: No niin, koska Jumala on sallinut vihollisen lähettää tänne myrkkyä ja tappavaa tautia, tahdon rukoilla, että Jumala olisi meille armollinen ja varjelisi meitä. Tahdon käsitellä paikkoja savulla ja tahdon auttaa ilman puhdistamisessa. Tahdon sekä jakaa että käyttää itse lääkkeitä. Pyrin välttämään sekä paikkoja että ihmisiä kaikkialla, missä minua ei välttämättä tarvita, jotta en varomattomana myrkyttäisi ja tartuttaisi monia muita, ja siten aiheuttaisi heille kuolemaa.

Jos Jumala näinä aikoina tahtoo ottaa minut luokseen, hän löytää minut kyllä. Tiedän suorittaneeni hänen antamansa tehtävän, enkä ole omaani enkä muidenkaan kuolemaan syyllinen. Missä lähimmäiseni minua tarvitsee, sinne tahdon rientää avuksi, ja silloin en välttele ketään enkä mitään.

Katso, tämä on oikea, jumalaapelkäävä usko, joka ei ole uhkarohkea eikä ylimielinen eikä myöskään kiusaa Jumalaa.

Toiselta kannalta: se, joka ruton sairastettuaan alkaa toipua ja palata voimiinsa, on velvoitettu itsekin välttämään ihmisiä, eikä hänen tule päästää ketään tykönsä ilman pakottavaa tarvetta. Aika, jolloin hänen luonaan piti sairauden takia pysyä, on nyt ohi. Kuten sanottu, nyt kun hän on päässyt vaikeimman yli, hänen kuuluu ottaa etäisyyttä muihin. Hän ei saa syyttä suotta vaarantaa kenenkään henkeä.

Viisas mies sanoo: joka rakastaa vaaraa,

hukkuu siihen. (Siirak 3:26)

Jos kaupungissa osoitetaan uskonrohkeutta silloin, kun lähimmäinen on hädässä, mutta ollaan varovaisia aina, kun mahdollista, jokaisen osallistuessa myrkyn torjuntaan kaikin voimin, sellaista kaupunkia kohtaan on kuolema varmasti armollinen.

TÖRKEÄÄ TOIMINTAA

Mutta siellä, missä yksi osa väestä liian varovaisena pakenee ja jättää läheisensä hätää kärsimään, ja toinen osa taas liian tyhmänrohkeana ei torju, vaan levittää tautia, siellä Perkele onnistuu lisäämään kuolleisuutta runsaasti. Kummassakin tapauksessa loukataan Jumalaa ja ihmisiä syvästi. Jumalaa loukataan kiusaamalla häntä, ihmisiä vahingoitetaan eväämällä apu. Perkele vaanii sekä pakenevaa että paikalle jäävää pitääkseen jokaisen otteessaan.

Vieläkin törkeämpiä ovat ne, jotka potevat ruttoa salaa ja rientävät ihmisten pariin uskoen, että mikäli he pystyvät saastuttamaan ja myrkyttämään muita he pääsevät taudistaan ja tulevat terveeksi itse. He kuljeskelevat kaduilla ja kujilla ja vierailevat kodeissa tartuttaakseen ruton muihin. He haluavat tartuttaa tautinsa jopa omiin lapsiinsa ja kotiväkeensä pelastuakseen itse. Uskon, että Perkele laittaa ihmiset toimimaan tällä tavoin.

Minulle kerrotaan myös, että jotkut ovat niin toivottoman pahoja, että he juoksevat levittämässä ruttoa taloihin ja ihmisten pariin vain siksi, että heitä vaivaa, jos tautia ei jossain ole. Siksi he haluavat jakaa sitä eteenpäin, aivan kuin ruton levittäminen olisi vain hauskaa keppostelua, kuten kirppujen laittaminen turkiksiin tai kärpästen vieminen tupaan. En tiedä, voinko ottaa kuulemaani todesta. Jos se pitää paikkansa, niin en enää tiedä, olemmeko me saksalaiset ihmisiä vai perkeleitä. Tosin kaikkialta löytyy määrättömästi pahoja, röyhkeitä ihmisiä, eikä Perkele koskaan laiskottele.

Antaisin seuraavanlaisen neuvon. Mikäli tällaisia ihmisiä tavataan, tulisi tuomarin käskyttää pyöveliä mestaamaan heidät, sillä he ovat oikeasti pahoja ja tahallisia murhaajia.

Mitä muuta tällaiset kaupunkilaiset ovat kuin todellisia salamurhaajia, jotka eri tahoilla puukottavat ihmisiä hengiltä, aivan kuin kukaan ei olisi tekoa tehnyt? Ruton tartuttajat suistavat ruton valtaan jossain lapsen, jossain naisen, tekijäksi paljastumatta. He naureskelevat hyvillään tekosistaan.

Villipetojenkin parissa olisi parempi asua kuin tällaisten murhaajien yhteydessä. Heille en tiedä saarnata, he eivät siitä piittaisi. Kehotan esivaltaa toimimaan neuvokkaasti ja hoitelemaan heidät, ei lääkärin, vaan pyövelin avulla.

ERISTYS

Jumala itse on Vanhassa testamentissa määrännyt spitaaliset siirrettäväksi asumaan kaupungin ulkopuolelle, jotta tartunnoilta vältyttäisiin. Sitä suuremmalla syyllä meidän tulisi toimia tämän vaarallisen sairauden kanssa samoin. Tartunnan saaneen tulisi välittömästi eristäytyä muista tai suostua muiden eristettäväksi ja saada lennossa lääkinnällistä apua. Häntä pitää auttaa eikä jättää pulaan, kuten olemme edellä kyllin todistelleet. Siten saadaan myrkky torjuttua riittävän ajoissa, ja siitä ei hyödy ainoastaan tämä yksi sairas, vaan koko yhteisö. Muussa tapauksessa sairaus pääsee leviämään kaikkien sekaan.

Meille Wittenbergiin rutto tuli juuri tällä tavoin, tartunnan kautta. Jumalan kiitos, ilma on nyt raikas ja puhdas. Pelkästään tyhmänrohkeuden ja välinpitämättömyyden vuoksi joitain tartuntatapauksia on ollut, tosin vähän ja lieviä, vaikka Perkele on huvitellut pelottelemalla meitä lähtemään kauhuissamme pakoon. Jumala varjelkoon meitä Perkeleeltä! Aamen.

Tässä on meidän käsityksemme siitä, saako kuolemaa paeta. Jos teidän tulisi ajatella toisin, Jumala ilmoittakoon sen teille! Aamen.

SIELUNHOITO

Tämä vastauskirje menee painoon, jotta meilläkin saadaan lukea sitä. Siksi katson hyväksi lisätä tähän lyhyet ohjeet, miten sielunasioissa tulee menetellä kuoleman levitessä. Samoja ohjeita olemme antaneet saarnastuolista suullisesti, ja jatkamme niiden antamista joka päivä. Meidän, jotka on kutsuttu sielunhoitajiksi, tavoitteena on hoitaa virkamme kunnolla.

Yksi. Ihmisiä tulee kehottaa käymään kirkossa kuuntelemassa saarnoja, jotta he oppisivat Jumalan sanasta, miten eletään ja miten kuollaan.

Mutta ne, jotka ovat karkeasti halveksineet Jumalan sanaa koko elämänsä ajan, jätettäköön makaamaan sairaana, mikäli he eivät aivan tosissaan osoita katumusta ja parannusta itkien ja valittaen.

Nimittäin sille, joka tahtoo elää kuin pakana tai koira, katumatta avoimesti, emme tahdo antaa sakramenttia emmekä luokitella häntä kristityksi. Kuolkoon hän niin kuin on elänytkin ja kantakoon vastuun. Meidän ei tule heittää helmiä sioille eikä pyhää koirille. (Matt. 7:6)

Valitettavasti monet ovat karkeita, paatuneita juntteja, jotka eivät piittaa sielustaan elämässä eikä kuolemassa. He menevät makuulle ja kuolevat puupökkelöinä mitään ajattelematta ja käsittämättä. Kaksi. Ihmisiä tulee kehottaa hoitamaan ajalliset asiansa ja valmistautumaan kuolemaan ripittäytymällä ja ottamalla sakramentti kahdeksan tai neljäntoista päivän välein, sovittelemaan välinsä lähimmäistensä kanssa ja tekemään testamenttinsa. Kun tämä on tehty, ollaan valmiina, vaikka Herra koputtaisi oveen ja täytyisi lähteä kiireellä, ennen kuin kirkkoherra tai kappalainen ehtii paikalle. Sielusta on huolehdittu, sitä ei ole laiminlyöty vaan se on annettu Herran haltuun.

Siellä, missä kuolemaa esiintyy paljon ja on vain pari kolme sielunhoitajaa, ei heidän ole mahdollista ehtiä kaikkien luo, eikä heidän aikansa riitä opettamaan jokaiselle erikseen, mitä kristityn tulee tietää kuolemanhädässä.

Ne, jotka ovat välinpitämättömiä näissä asioissa, joutuvat siitä tilille, ja on heidän omaa syytään, jos heidän vuoteensa eteen ei voida pystyttää yksityistä saarnastuolia eikä alttaria. He itse ovat ylenkatsoneet yhteisen saarnastuolin ja alttarin, joiden äärelle Jumala on heitä kutsut ja patistanut.

Kolme. Kappalaista tai sielunhoitajaa tulisi pyytää ajoissa sairaan luo, ennen kuin sairaus saa yliotteen ja ymmärrys ja taju katoaa. Sanon tämän siksi, että jotkut ovat niin piittaamattomia, etteivät suostu pyytämään sielunhoitajaa luokseen, ennen kuin sielu on jo kielen päällä lähtemäisillään, puhetta ei enää tule ja tajunta hiipuu. Sitten pyydetään: Rakas Herra, puhukaa hänelle parhaiten, jne.

Mutta aiemmin, sairastamisen alussa, he eivät toivo, että tultaisiin käymään, vaan sanovat: ei tässä mitään hätää ole, ja toivottavasti kohta menee paremmin. Mitä hurskas kirkkoherra voi tehdä niille, jotka eivät huolehdi ruumiistaan eivätkä sielustaan? He elävät ja kuolevat kuin kotieläimet.

Heille sitten pitäisi vihoviimeisellä hetkellä puhua evankeliumia ja antaa sakramenttia samaan tapaan, mihin he paavikunnassa tottuivat. Siellähän ei kyselty, uskoivatko he ja tunsivatko he evankeliumin, vaan sakramentti työnnettiin kurkkuun kuin leipäsäkkiin.

Ei, siten ei pidä toimia. Sille, joka ei pysty sanoin tai elein ilmaisemaan, mitä hän uskoo ja ymmärtää evankeliumista ja sakramenteista eikä pysty osoittamaan haluaan saada sakramenttia, emme yleensä sitä anna varsinkaan, jos kyseinen henkilö on ollut tahallaan näistä asioista piittaamaton.

Meitä on kielletty antamasta pyhää sakramenttia epäuskoisille. Saamme antaa sakramentin ainoastaan uskoville, jotka pystyvät tunnustamaan uskonsa.

Menköön muut uskonsa mukaisesti, meissä ei ole syytä, kunhan vain hoidamme saarnaamisen, opettamisen, kehottamisen, lohduttamisen, vierailemisen ja kaikki muutkin virka- ja palvelustehtävämme kunnolla.

Tässä lyhyet ohjeet, joita me teroitamme myös omassa keskuudessamme, eli näitä ei ole kirjoitettu vain teille sinne Breslauhun. Kristus on luonanne, ja hän on ilman meidänkin osuuttamme opettava voiteensa kautta teille runsaasti kaikkea, mikä on tarpeen. Hänelle olkoon ylistys ja kunnia, ja Jumalalle Isälle ja Pyhälle Hengelle ikuisesti, Aamen.

HAUTAUSMAAT

Olemme nyt puhuneet kuolemasta. En voi jättää sanomatta edes jotakin hautaamisesta. Ensisijaisesti pitäisi lääketieteen tohtoreiden ja muidenkin, joilla on parempaa tietämystä, ratkaista, onko se vaarallista, että keskellä kaupunkia on kirkkomaa.

Itse en tiedä enkä ymmärrä, nouseeko haudoista ilmaa saastuttavia höyryjä. Jos näin tapahtuu, olisi edellä annettujen varoitusten myötä aiheellista, että hautausmaa sijaitsisi kaupungin ulkopuolella. Kuten sanottu, meidän kaikkien on torjuttava myrkkyä niin paljon kuin pystymme.

Yhtäältä Jumala on käskenyt meitä huolehtimaan kehostamme ja sitä vaalimaan ja suojaamaan silloin, kun Hän ei altista meitä vaaraan. Toisaalta Jumala on käskenyt meitä antautumaan turvallisin mielin vaaroihin ja laittamaan elämä peliin, kun tarve vaatii. Joten meidän tulee olla valmiit sekä elämään että kuolemaan hänen tahtonsa mukaisesti. Eihän kukaan meistä elä itseään varten eikä kukaan kuole itseään varten, kuten Pyhä Paavali sanoo roomalaisille. (Room. 14:7)

Hyvin tiedän, että vanhastaan sekä

juutalaisilla että pakanoilla, niin pyhillä kuin syntisilläkin, on ollut tapana haudata vainajat kaupunkien ulkopuolelle. Entisajan ihmisten viisaus on varmasti yltänyt tasollemme.

Pyhän Luukkaan evankeliumi kertoo Kristuksen herättäneen lesken pojan kuolleista Nainin kaupungin porteilla. Teksti: Kun hän lähestyi kaupungin porttia, sieltä kannettiin ulos kuollutta, äitinsä ainoaa poikaa. Äiti oli leski, ja suuri joukko kaupungin väkeä oli hänen kanssaan. (Luuk. 7:12)

Kertomus osoittaa, että maan tapa on ollut suorittaa hautaukset kaupunkien ulkopuolella. Itse Kristuksenkin hauta oli tehty kaupungin ulkopuolelle. Tapaa noudattaen Aabraham osti Efronilta kaksiosaisen luolan sitä ympäröivine maineen, ja sinne haudattiin kaikki patriarkat. (1. Moos. 23:10)

Kun saksan kielessä puhutaan hautaan kantamisesta, latinaksi sanotaan efferre, joka tarkoittaa pois kantamista. Ennen ei tyydytty vain kantamaan vainajia etäämmälle hautaan, vaan heidän ruumiinsa poltettiin hienoksi tuhkaksi, jotta ilma pysyisi puhtaana.

Näiden esimerkkitapausten nojalla antaisin neuvon, että hautaukset suoritettaisiin kaupungin ulkopuolella. Meillä täällä Wittenbergin kaupungissa on hautausmaa, mutta meidän tulisi siirtyä hautaamaan vainajamme kaupungin ulkopuolelle perustettavaan hautausmaahan. Ratkaisua ei puolla ainoastaan pakottava tarve, vaan myös hurskauden ja hartauden harjoittamisen mahdollistaminen.

Hautausmaan tulisi olla sopivan hieno ja hiljainen paikka muusta erillään. Sinne tulisi mennä hartain mielin ja siellä tulisi viipyä rukoilemassa ja miettimässä kuolemaa, viimeistä tuomiota ja ylösnousemusta. Hautausmaata tulisi kunnioittaa ja pitää miltei pyhänä paikkana, jossa tulisi kulkea hartaana, lepäähän haudoissa varmasti muutamia pyhiä. Myös voitaisiin hautausmaata ympäröivään aitaan maalata hartautta herättäviä kuvia.

Mutta millainen onkaan meidän oma kirkkomaamme! Siinä on neljä tai viisi kujaa ja pari kolme aukiota, eikä koko kaupungista löydy yleisempää ja rauhattomampaa paikkaa kuin hautausmaa. Siellä juoksennellaan päivittäin jopa yötä päivää, siellä ravaa niin ihmisiä kuin karjaa. Kaupungin asukkaiden ovet ja lähikadut antavat hautausmaan suuntaan, ja siellä tapahtuu vaikka mitä, mahdollisesti sellaistakin, josta ei puhuta.

Hauta-alueelle kuuluva harras ja kunnioittava ilmapiiri on täysin kateissa. Kaikille tuntuu olevan sama, juostaanko eläinruhojen kaatopaikan vai hautausmaan yli. Edes turkkilaiset eivät osaisi häpäistä hautausmaatamme siten kuin me itse.

Hautausmaalla tulisi syntyä harras tunnelma, jonka vallassa ajateltaisiin kuolemaa ja ylösnousemusta ja käyttäydyttäisiin arvokkaasti siellä lepääviä pyhiä kohtaan. Mutta miten se voisi onnistua paikassa, joka on jatkuvasti kaikkien käytössä, jossa kaikki juoksentelevat ja joka on aivan lähellä kaikkien koteja?

Mikäli on oikeutettua haluta kunniallista hautarauhaa, niin itse haluaisin leposijani joko Elbeen tai metsään.

Mielestäni olisi hengellistä, kunniallista ja pyhää, jos haudat sijaitsisivat taajaman ulkopuolella rajatulla, hiljaisella alueella, joka ei olisi kenenkään läpikulkupaikka. Siellä vierailevat voisivat kokea myös hartautta.

Tämä olisi neuvoni. Joka tahtoo sitä noudattaa, tehköön niin. Joka ymmärtää paremmin, tehköön niin kuin tähänkin asti. Minä en ole kenenkään herra.

TODELLINEN SAATANAN RUTTO

Lopuksi kehotamme ja pyydämme teitä Kristuksen tähden avuksemme taisteluun, rukoillen Jumalaa ja opettaen. Vastustakaamme yhteisvoimin ilkeän Saatanan todellista hengellistä ruttoa, jota se nyt levittää maailmassa nimenomaan sakramenttien halveksijoiden välityksellä, ja onhan monia muitakin lahkoja nousemassa.

Saatana on vihoissaan, se taitaa tuntea, että Kristuksen päivä on käsillä. Siksi se raivoaa hurjana tahtoen hengellistensä avulla riistää meiltä Vapahtajan, Jeesuksen Kristuksen. Paavikunnan aikana Saatana oli pelkästään lihallinen, niin että munkkikaapuakin oli pidettävä pyhänä. Tällä hetkellä se pyrkii olemaan pelkästään hengellinen, niin etteivät Kristuksen ruumis (liha) ja sana olisi yhtään mitään.

He ovat laatineet vastauksen pikku kirjaani jo ajat sitten. Ihmettelen, ettei heidän vastauksensa ole vielä tullut tänne Wittenbergiin asti. Tahdon, jos Jumala suo, vastata heille vielä kertaalleen ja antaa heidän sitten mennä menojaan. Kyllä näen, että he muuttuvat aina pahemmiksi. He ovat kuin lude, jolla on paha ominaishaju, ja mitä enemmän sitä hieraisee, sen väkevämmin se haisee.

Toivon, että niille, jotka ovat vielä pelastettavissa, kirjassani olisi sisältöä kylliksi. Sen kautta ovat monet, Jumalan kiitos, päässeet heidän kynsistään ja vielä useampi on lujittunut vahvemmaksi totuudessa.

Kristus, Herramme ja Vapahtajamme, pitäköön teidät kaikki puhtaassa uskossa ja palavassa rakkaudessa tahrattomina ja moitteettomina Hänen tulevaan päiväänsä asti, kuten myös meidät kaikki yhdessä. Aamen.

Rukoilkaa minun, kurjan syntisen puolesta!

Martti Luther.
Wittenberg 1527.

LIITE.

Jumala kasvattaa ja kurittaa meitä taudeilla.

Ote Lutherin Genesis-kommentaarista.

Minun poikavuosinani oli Ranskan syyhytauti Saksassa tuntematon. Nyt kehtolapsetkin sairastuvat tähän. Silloin vielä tätä tautia kaikki pelkäsivät. Nyt sitä vastoin siitä niin vähät välitetään, että ystävykset keskenään kujeillen toivottavat Ranskan tautia. Englannin hikitauti on ollut aina minun aikaani saakka lääketieteellisesti puhuen paikallinen. Onhan niin, että eri paikkakunnilla on tiettyjä valopuolia, mutta kun etuja aletaan käyttää Jumalan vastaisesti, alkavat vaivata myös tietyt varjopuolet. Mainittu vitsauskin alkaa levitä Saksan sisäosissa, kaukana valtamerestä. Kauheaa on kuulla, että joillakin ihmisillä on käärmeitä vatsassa ja matoja aivoissa. Nämä taudit olivat luullakseni vanhan ajan lääkäreille tuntemattomia, vaikka he kyllä osasivat luetella noin neljäkymmentä eri tautia.

Jos näitä kaikkia tauteja olisi ollut jo ensi aikoina, kuinka olisi Aadam ja kaikki muut Nooaan asti voineet saavuttaa noin pitkää ikää? Siispä Mooses puhuukin ainoastaan maan hedelmättömyydestä ja elannon hankkimisen vaikeudesta. Mutta jos joku haluaisi runsasta ainesta ja tahtoisi näyttää taitavalta puhujalta, hänpä voisi luetella tästä raamatunkohdasta lähtien kaikki ihmissuvun onnettomuudet ja löytäisi myös niin laajan kentän kaikenlaista pahaa, että hänen täytyisi pelon vallassa pyytää Jumalalta vain sitä, ettei joutuisi hetkeäkään elämään näin suurten vaarojen keskellä.

Mitä syytä on mainita ainoastaan tauteja? Kaikki, mitä on luotu, on meitä vastaan eikä ole aseistautunut tuhoamaan vain meitä. Kuinka moni onkaan saanut surmansa tulessa ja vedessä? Eivätkä ainoastaan ruumiinvoimamme, vaan myös elintarvikkeemme ehtyvät. Ei maksa vaivaa mainita siitä, että me itsekin syöksymme murha mielessä toisiamme vastaan ikään kuin ei olisi muitakin tuhoavia voimia liikkeellä käydäkseen kimppuumme.

Niinpä jos kiinnität huomiosi ihmisten pyrkimyksiin, mitä tämä elämä muuta on kuin jokapäiväistä kamppailua, juonittelua, ryöstöä ja murhaa? Lisää tähän vielä kaikki onnettomuudet, jotka meidän ulkopuoleltamme suuntautuvat meitä vastaan. Enpä usko, että tätä kaikkea on ennen vedenpaisumusta ollut niin paljon ja niin pahassa muodossa kuin nyt. Mutta kun synnit lisääntyvät, niiden rangaistuksetkin kasvavat.

Juuri tästä syystä Aadamille määrätyt onnettomuudet ovat olleet kohtuullisempia kuin meidän. Mitä enemmän maailma kallistuu loppuansa kohti, sitä enemmän se peittyy rangaistuksiin ja onnettomuuksiin. Lisäksi tulee vielä tämäkin paha: mitä enemmän maailmaa röykytetään, sitä enemmän se kovettaa kasvonsa ja tylsistyy onnettomuuksiinsa, sanotaanhan Sananlaskuissa: "Hän löi minua, mutta se ei koskenut minua; Hän pieksi minua, mutta en kärsinyt tuskaa" (Sananl. 23:35). Tämä sokeus ylittää kaiken, mitä ruumis kärsii.

Eikö olekin ihmeteltävää ja kurjaa, että jäljet Jumalan vihasta, jonka synti on ansainnut, ensiksi tarttuvat meidän ruumiiseemme ja sitten vasta Jumalan viha havaitaan maassa ja kaikkialla luomakunnassa, mutta me yhtä joutilaina ja suruttomin mielin emme ole tietävinämme tästä mitään? Mitä nimittäin ovat orjantappurat ja ohdakkeet, mitä vesi ja tuli, narsku, kirput, täit ja luteet? Eivätkä nämä kaikki yhdessä ja jokainen erikseen ole sanansaattajia, jotka saarnaavat meille synnistä ja Jumalan vihasta? Eihän niitä ollutkaan ennen syntiä, tai eivät ainakaan olleet vahingollisia ja kiusallisia.

Tietoisina siis ja avoimin silmin olemme ja elämme pimeydessä, joka on sakeampi kuin Egyptin pimeys. Vaikka joka puolelta kaikki muistuttaa meitä Jumalan vihasta, ei se kuitenkaan saa sitä tarttumaan silmiimme, emme sitä huomaa, vaan syleilemme tätä maailmaa kuin ainutlaatuista kallista aarretta. Niinpä sitä myöden kuin synnit moninkertaistuvat, suruttomuus lisääntyy ja ihmiset piintyvät paheisiinsa ja sietävät niitä.

Lähde: *Martti Luther: Ensimmäisen Mooseksen kirjan selitys 1–7. Totuuden aarre I. Suom. Heikki Koskenniemi. Suomen Luther-Säätiö. Hämeenlinna 2004. (In Primum Librum Mose Enarrationes. 1535–1545. WA 42, 1-335.) Liite julkaistaan dekaani Juhana Pohjolan luvalla.*